딩딩바이블 청소년 양육 시리즈
양육 2년차 1

복음뼈대

| 이대희 지음 |
예즈덤성경교육원 편

엔크리스토

저자 **이대희 목사**

장로회신학대학교 신학대학원(M.Div)과 연세대학교 연합신학대학원(Th.M)을 졸업하고 에스라성경대학원대학교에서 성경학박사(D.Litt) 과정을 마쳤다. 예장총회교육자원부 연구원과 서울장신대 교수와 겸임교수를 역임했으며, 분당에 소재한 대안학교인 독수리 기독중고등학교에서 청소년에게 성경을 수년 동안 가르쳤다. 극동방송에서 〈알기 쉬운 성경공부〉 〈기독교 이해〉 〈크리스천 가이드〉 〈전도왕백서〉 〈습관칼럼〉 등 신앙양육 프로그램을 진행했다. 저자는 성경공부와 성경교육 전문사역자로 지난 25여 년 동안 성서사람·성서교회·성서한국·성서나라의 모토를 가지고 한국적 성경교육과 실천사역을 위한 집필과 세미나, 강의사역 등을 하고 있다. 현재 바이블미션 대표와 예즈덤성경교육원 원장, 꿈을주는교회 담임목사로 있다. 저서로는 『30분 성경공부』 시리즈, 『아름다운 십대 성경공부』 시리즈, 『투데이 성경공부』 시리즈, 『탄꿈십대 성경공부』 시리즈, 『인성과 창의력을 중시하는 유대인의 탈무드식 자녀교육법』, 『이야기대화식 성경연구』, 『성품성경공부』 시리즈, 『맛있는 성경공부』, 『맥잡는 기도』, 『전도왕백서』, 『자녀 축복 침상 기도문』, 『누구나 쉽게 배우는 쉬운 기도』, 『예즈덤 성경영재교육』, 『크리스천이여 습관부터 바꿔라』 등 200여 권의 저서가 있다.
e-mail: ckr9191@hanmail.net

딩딩바이블 청소년 양육 시리즈 **복음뼈대**

초판1쇄 발행일 | 2014년 10월 26일
초판2쇄 발행일 | 2017년 7월 21일

지은이 | 이대희
펴낸이 | 김학룡
펴낸곳 | 엔크리스토
마케팅 | 이동석, 유영진
관리부 | 신순영, 정재연, 박상진, 김정구

출판등록 | 2004년 12월 8일(제2004-116호)
주 소 | 경기도 고양시 일산동구 장대길 74-10
전 화 | (031) 906-9191   팩 스 | (0505) 365-9191
이메일 | 9191@korea.com
공급처 | 기독교출판유통

ISBN 979-11-5594-012-9 04230

* 이 교재의 사용방법·내용·교육·강의와 세미나에 대한 문의는 예즈덤성경교육원(02-403-0191, 010-2731-9078. http://cafe.naver.com/je66)으로 해주세요. 카페에 각과 내용에 대한 동영상 강의 자료가 있습니다. 참고하시기 바랍니다. 매주 월요일에 엔크리스토 성경대학 지도자 훈련코스가 있습니다(개관반·책별반·주제반·성경영재교육반). 1년에 4학기(봄, 여름, 가을, 겨울)로 운영됩니다.

딩딩바이블 청소년 양육 시리즈를 펴내면서…

딩딩바이블은 그동안 10여 년 넘게 한국 교회 베스트 교재로 많은 사랑을 꾸준히 받아 온 〈아름다운 십대 성경공부〉 시리즈를 보완 발전시켜 새로운 모습으로 탄생된 청소년 양육 시리즈입니다. 지금 한국 교회는 다음 세대를 키우지 못하면 미래가 없습니다.

다음 세대를 효과적으로 키우는 데 딩딩바이블 청소년 양육 시리즈는 크게 기여할 것입니다. 그동안 교회 안에서만 이루어졌던 말씀 교육을 발전시켜 가정, 학교, 생활(주일, 주말, 주간, 방학)을 통합하여 전인적인 교육을 이루는 데 초점을 두었습니다. 세상을 이기기 위해서는 부분보다 통합적, 지식보다 지혜 중심의 양육이 필요합니다.

특히 청소년 시기는 인생과 신앙의 기초를 다져주는 아주 중요한 때입니다. 이때에 꼭 필요한 과정을 잘 양육하면 평생 승리하는 인생을 살 수 있습니다. 청소년들의 눈높이에 맞추어 흥미롭게, 간단하고 쉽게, 깊고 명료하게 삶의 실천을 염두에 두고 전체 내용을 구성했습니다. 5천 년 동안 성경교육으로 세계를 지배하고 있는 유대인의 성경 탈무드 교육보다 더 나은(마 5:20) 한국인에 맞는 복음적인 말씀양육 시리즈가 되길 기도합니다.

저자 이대희

•딩딩바이블 청소년 양육 시리즈 특징•

1. **말씀 중심이다** 성경 구절을 찾는 인위적 공부방식에서 탈피하여 본문을 중심으로 성경 전체를 핵심구절로 연결하여 하나님의 본래 의도를 찾도록 구성되었습니다.

2. **흥미롭다** 도입 부분을 십대들의 관심에 맞추어 흥미로운 만화와 삽화로 구성하여 시각적 효과를 높였습니다. 그림과 질문은 닫힌 마음을 열게 하는 효과가 있습니다.

3. **쉽다** 성경공부를 설명식(헬라식)으로 하면 점점 어려워집니다. 그러나 본문 속에서 질문식(히브리식)으로 하면 누구나 쉽게 답할 수 있습니다. 교사가 일방적으로 주입하는 가르침이 아닌 본문의 말씀이 말하는 것을 듣는 방식으로 구성되었기에 교사와 학생이 모두 쉽게 공부할 수 있습니다. 내가 말씀을 보는 것이 아니라 말씀이 나를 보게 해야 합니다.

4. **단순하다** 6개의 질문(관찰: 4개, 해석: 1개, 적용: 1개)으로 누구나 즐겁게 성경공부에 참여할 수 있습니다. 30분 내외의 분반 시간에 끝낼 수 있도록 구성했습니다. 상황에 따라 꼬리질문을 확장할 수 있습니다.

5. **깊다** 깊은 질문으로 말씀의 은혜를 경험할 수 있고 시간이 갈수록 말씀 속으로 빠져듭니다. 해석 질문은 영혼의 깨달음을 갖게 합니다(보통 십대 교재는 해석질문이 없습니다. 여기서 대화를 통한 깊은 나눔을 할 수 있습니다).

6. **균형있다** 십대에 필요한 핵심 주제와 다양한 양육영역(성경·복음·정체성·신앙·생활·인성·공부·인물·습관)을 골고루 제시하여 균형잡힌 신앙성장을 갖도록 했습니다.

7. **명료하다** 현실적으로 짧은 성경공부 시간에 여러 가지 내용을 다룰 수 없기에 한 가지 핵심적인 내용을 명료하게 다루어 분반 공부 효과를 극대화 하도록 했습니다.

8. **공부도 해결한다** 성경공부를 통해 신앙과 더불어 학교공부(사고력·논리력·분석력·집중력·분별력·상상력)도 함께 키울 수 있도록 구성되었습니다.

9. 다양하다 주5일근무제에 맞추어 주일 분반공부, 토요주말학교, 가족밥상머리교육, 제자훈련 등 다양하게 사용할 수 있습니다.

10. 전인적이다 주일 하루만 하는 교육이 아니라 가정, 교회, 학교와 주일, 주말, 주간, 방학, 성인식을 통합하여 전 삶의 차원에서 적용할 수 있는 양육과정입니다.

•성경공부 진행 방법•

🙂 마음열기 시작하기 전에 그림과 만화를 통해 공부할 주제를 기대감과 흥미를 갖게 합니다.

🙂 말씀과 소통하기 오늘 성경본문에 대한 네 가지 질문을 하면서 본문과 소통을 합니다.

•POINT• 포인트 해당 본문의 핵심을 간단하게 정리해 줍니다.

🙂 말씀과 공감하기 본문 말씀 내용 중에 생각해야 할 문제를 관계된 다른 성경구절(말씀Tip)을 통하여 깊은 깨달음을 얻도록 돕는 과정입니다.

🙂 삶에 실행하기 깨달은 말씀의 교훈을 개인의 삶에 적용합니다.

🙂 실천을 위한 Tip 삶 속에서 실천할 수 있도록 구체적인 지침을 제공합니다.

|교회와 가정과 학교(주일·주말·주간·방학)를 통합한 1318 전인교육|

•딩딩바이블 청소년 양육 시리즈 전체 양육과정표•

중·고등부 6년 과정에 맞추어 4개 코스로 구성되었습니다. 양육 코스는 3년, 심화 코스는 3년, 성장 코스는 자유롭게 사용하도록 구성했습니다.
이것은 주간에 자기 주도적으로 습관화 하는 과정입니다. 성숙 코스는 방학에 사용하는 캠프용과 십대과정을 마무리하는 성인식이 있습니다.
'복음 코스'와 '성경 코스'는 교사와 학생이 공통으로 할 수 있는 특별과정입니다.

| 양육 코스 |

구분	코스	영역		1년차	2년차	3년차
주일	양육	1	복음	예수십대	복음뼈대	신앙원리
		2	정체성	나는 누구야	가치관이 뭐야	비전이 뭐야
		3	신앙	왜 믿니?	왜 사니?	왜 교회 나가니?
		4	생활	십대를 창조하라	유혹을 이겨라	세상을 리드하라

| 심화 코스 |

구분	코스	영역		1년차	2년차	3년차
주일 (주말)	심화	1	Q.A	신앙이 궁금해	교리가 궁금해	성경이 궁금해
		2	인성	인간관계 어떻게?	중독탈출 어떻게?	창의인성 어떻게?
		3	공부	공부법 정복하기	학교공부 뛰어넘기	인생공부 따라잡기
		4	인물	하나님人	예수人	성령人

| 성장 코스(자기주도 코스) |

구분	코스	영역		1년차	2년차	3년차
주일 (주말, 주간)	자기 주도	1	영성	말씀생활 읽기, 암송, 큐티	기도생활 기도, 대화	전도생활 증거, 모범
		2	습관	생활습관 음식, 수면, 운동	공부습관 공부, 시간, 플래닝	태도습관 태도, 성품

| 성숙 코스(마무리 코스) |

구분	코스	영역		1년차	2년차	3년차
방학	캠프	1	영재	신앙과 공부를 함께 해결하는 크리스천 영재 캠프 (3박4일)		
전체	성인식	2	전인	중등부·고등부 (성인식 통과의례 1, 2) - 예수사람 만들기		

• 복음 코스(교사와 학생 공통) •

구분	코스	영역	공통과정
모든 세대	복음	새신자	한눈으로 보는 복음 이야기 (새신자 양육)
		불신자	세상에서 가장 복된 소식 당신은 아십니까? (대화식 전도지)

• 성경 코스(교사와 학생 공통) •

구분	코스	영역	공통과정
모든 세대	성경	구약	단숨에 꿰뚫는 구약성경관통
		신약	단숨에 꿰뚫는 신약성경관통

차례

기초가 중요합니다

세상의 모든 것이 다 그렇지만 신앙 역시 기초가 중요합니다.
기초가 흔들리면 나중에는 신앙이 병들게 됩니다.
복음뼈대는 이런 신앙의 기초를 다지는 데 필요한 내용을 다루었습니다.
복음의 뼈대를 바르게 세우면 균형 잡힌 신앙 생활을 할 수 있습니다.

많은 그리스도인이 신앙의 기초를 다지는 데 소홀히 하는 경향이 있습니다.
신앙 생활은 평생 해야 하는 일입니다. 그렇다면 처음에 기초를 튼튼히 다지
는 것이 무엇보다도 중요합니다. 기초를 무시하는 신앙은 위험합니다.

특히 십대는 믿음의 뼈대를 바르게 하는 데 중요한 시기입니다.
믿음의 뼈대가 튼튼해야 문제와 위기가 닥칠 때 흔들리지 않고 어려움을 이
길 수 있습니다.

『복음뼈대』는 그리스도인이라면 꼭 알아야 하고 기초를 다져야 할 내용인 인간, 하나님, 예수님, 성령님, 성경, 구원, 죄, 회개, 심판, 용서 등을 담았습니다. 쉽게 넘기지 말고 깊고도 자세히 배우면서 마음에 새기는 시간이 되길 바랍니다.

그러므로 너희가 그리스도 예수를 주로 받았으니 그 안에서 행하되 그 안에 뿌리를 박으며 세움을 받아 교훈을 받은 대로 믿음에 굳게 서서 감사함을 넘치게 하라(골 2:6-7)

01

인간
그 인간이란 게 글쎄…

 마음열기

1. 나는 인간을 어떻게 생각하고 이해하는지 이야기해 보십시오.

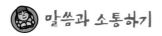 **말씀과 소통하기**

•시편 8:1-9을 읽으세요.

1 여호와 우리 주여 주의 이름이 온 땅에 어찌 그리 아름다운지요 주의
  영광이 하늘을 덮었나이다
2 주의 대적으로 말미암아 어린 아이들과 젖먹이들의 입으로 권능을 세
  우심이여 이는 원수들과 보복자들을 잠잠하게 하려 하심이니이다
3 주의 손가락으로 만드신 주의 하늘과 주께서 베풀어 두신 달과 별들
  을 내가 보오니
4 사람이 무엇이기에 주께서 그를 생각하시며 인자가 무엇이기에 주께
  서 그를 돌보시나이까
5 그를 하나님보다 조금 못하게 하시고 영화와 존귀로 관을 씌우셨나
  이다
6 주의 손으로 만드신 것을 다스리게 하시고 만물을 그의 발 아래 두셨
  으니
7 곧 모든 소와 양과 들짐승이며
8 공중의 새와 바다의 물고기와 바닷길에 다니는 것이니이다
9 여호와 우리 주여 주의 이름이 온 땅에 어찌 그리 아름다운지요

1. 하나님이 만드신 세상과 인간의 모습은 어떠합니까?(1, 9)

2. 세상을 만드신 하나님의 작품을 볼 때 나는 어떤 생각이 듭니까?(3-4)

3. 하나님은 인간을 어떤 상태로 만드셨습니까?(4-5)

4. 하나님이 인간에게 주신 특권과 사명은 무엇입니까?(6-8)

•POINT•

인간은 동물과 다릅니다. 인간은 하나님의 형상을 닮은 하나님의 대리자입니다.
인간은 세상을 하나님의 뜻대로 다스려야 할 책임과 사명을 가지고 있습니다.
세상에 지배당하기보다는 세상을 주도하며 하나님의 나라를 건설해야 합니다.

말씀과 공감하기

1. 인간은 하나님보다 못한 존재이지만 모든 피조물 중에 으뜸입니다. 이것이
   우리에게 주는 중요한 영적 교훈은 무엇입니까? 왜 인간은 이런 아름다운
   특권을 저버리고 악한 모습을 갖게 되었습니까?(참고, 창 1:26-28; 창 3:6;
   롬 3:18)

말씀
Tip

하나님이 이르시되 우리의 형상을 따라 우리의 모양대로 우리가 사람을 만들고
그들로 바다의 물고기와 하늘의 새와 가축과 온 땅과 땅에 기는 모든 것을 다스
리게 하자 하시고 하나님이 자기 형상 곧 하나님의 형상대로 사람을 창조하시되
남자와 여자를 창조하시고 하나님이 그들에게 복을 주시며 하나님이 그들에게
이르시되 생육하고 번성하여 땅에 충만하라, 땅을 정복하라, 바다의 물고기와
하늘의 새와 땅에 움직이는 모든 생물을 다스리라 하시니라(창 1:26-28)

여자가 그 나무를 본즉 먹음직도 하고 보암직도 하고 지혜롭게 할 만큼 탐스럽
기도 한 나무인지라 여자가 그 열매를 따먹고 자기와 함께 있는 남편에게도 주
매 그도 먹은지라 (창 3:6)

그들은 눈앞에 하나님을 두려워 함이 없느니라 (롬 3:18)

삶에 실행하기

1. 하나님이 영광과 존귀로 관을 씌운 아름다운 인간의 모습을 상실하고 거꾸로 역행하고 있습니다. 구체적으로 어떤 것들인지 예를 들어 이야기해 보십시오.

-하나님에 대해서 / 인간이 하나님을 넘보는 행동이 무엇인지 찾아보세요.

   1)

   2)

-세상에 대해서 / 인간이 세상에 지배당하는 모습을 찾아보세요.

   1)

   2)

실천을 위한 Tip

다음 사항에 대해 어떻게 하면 하나님이 보시기에 가장 아름다운 모습이 될까요?

- 시간
- 물질
- 관심

02

하나님,
정말 그분이 우리 주인인가?

 마음열기

1. 당신은 세상이 어떻게 만들어졌고 세상을 누가 이끌어 간다고 생각합니까? 그것에 대한 나름대로의 간단한 이유를 말해 보십시오.

• 창세기 1:24-31을 읽으세요.

24 하나님이 이르시되 땅은 생물을 그 종류대로 내되 가축과 기는 것
   과 땅의 짐승을 종류대로 내라 하시니 그대로 되니라
25 하나님이 땅의 짐승을 그 종류대로, 가축을 그 종류대로, 땅에 기는
   모든 것을 그 종류대로 만드시니 하나님이 보시기에 좋았더라
26 하나님이 이르시되 우리의 형상을 따라 우리의 모양대로 우리가 사
   람을 만들고 그들로 바다의 물고기와 하늘의 새와 가축과 온 땅과
   땅에 기는 모든 것을 다스리게 하자 하시고
27 하나님이 자기 형상 곧 하나님의 형상대로 사람을 창조하시되 남자
   와 여자를 창조하시고
28 하나님이 그들에게 복을 주시며 하나님이 그들에게 이르시되 생육
   하고 번성하여 땅에 충만하라, 땅을 정복하라, 바다의 물고기와 하
   늘의 새와 땅에 움직이는 모든 생물을 다스리라 하시니라
29 하나님이 이르시되 내가 온 지면의 씨 맺는 모든 채소와 씨 가진 열
   매 맺는 모든 나무를 너희에게 주노니 너희의 먹을 거리가 되리라
30 또 땅의 모든 짐승과 하늘의 모든 새와 생명이 있어 땅에 기는 모든
   것에게는 내가 모든 푸른 풀을 먹을 거리로 주노라 하시니 그대로
   되니라
31 하나님이 지으신 그 모든 것을 보시니 보시기에 심히 좋았더라 저녁
   이 되고 아침이 되니 이는 여섯째 날이니라

1. 하나님은 이 세상을 나름대로의 법칙을 가지고 만드셨습니다. 생물들은
   어떤 특징에 따라 만드셨습니까?(24-25)

2. 사람은 다른 피조물과 다른 특징을 가지고 창조하셨는데 어떻게 만드셨
   습니까?(26-28)

3. 하나님이 만드신 채소와 식물들은 어떤 목적을 가지고 있습니까?(29-30)

4. 하나님은 자신이 만드신 세상에 대해 어떤 평가를 하셨습니까?(31)

5. 하나님은 이 세상을 무엇으로 만드셨습니까?(24, 26, 29절에 공통으로 들어
   간 말을 찾으세요)

•POINT•

이 세상은 우연히 만들어진 것이 아닙니다. 하나님이 만드신 세상은, 하나님의 섭리
속에 움직입니다. 무엇 하나 하나님의 허락 없이는 이루어질 수 없습니다. 세상의 창
조물을 보면 모두 하나님의 뜻과 질서가 담겨 있습니다. 그것을 보면 하나님을 느낄
수 있고 발견할 수 있습니다.

말씀과 공감하기

1. 말씀으로 천지를 창조하셨다는 것은 곧 하나님이 전지전능하시다는 것을
   말하는데 나는 이것에 대해서 어느 정도 믿음을 가지고 있습니까?(참고,
   히 11:3; 요 1:1-3) 만약 잘 믿어지지 않는다면 그 이유는 무엇이라고 생각
   합니까?

믿음으로 모든 세계가 하나님의 말씀으로 지어진 줄을 우리가 아나니 보이는 것
은 나타난 것으로 말미암아 된 것이 아니니라(히 11:3)

태초에 말씀이 계시니라 이 말씀이 하나님과 함께 계셨으니 이 말씀은 곧 하나
님이시니라 그가 태초에 하나님과 함께 계셨고 만물이 그로 말미암아 지은 바
되었으니 지은 것이 하나도 그가 없이는 된 것이 없느니라(요 1:1-3)

삶에 실행하기

1. 오늘날에도 하나님의 창조는 계속되고 있습니다. 말씀을 통하여 새로운
   창조가 계속되고 있는 증거들을 말해 보십시오.

-인간

-세상

실천을 위한 Tip

내가 창조주 하나님을 믿어서 얻는 유익한 점 세 가지는 무엇입니
까? 어떤 내용이 들어가면 좋을지 상상하며 채워 보세요.

(   ) 에 대해 긍정적으로 생각하게 됩니다.

(   ) 을 감사하게 됩니다.

(   ) 을 확신하게 됩니다.

03

예수님,
아니, 그분이 하나님이라고요?

🧑 마음열기

하나님이신
예수님

석가

공자

소크라테스

≠

예수님

1. 내가 생각한 예수님을 아는 대로 이야기해 보십시오.

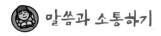 **말씀과 소통하기**

•요한복음 14:1-11을 읽으세요.

1 너희는 마음에 근심하지 말라 하나님을 믿으니 또 나를 믿으라
2 내 아버지 집에 거할 곳이 많도다 그렇지 않으면 너희에게 일렀으리
  라 내가 너희를 위하여 거처를 예비하러 가노니
3 가서 너희를 위하여 거처를 예비하면 내가 다시 와서 너희를 내게로
  영접하여 나 있는 곳에 너희도 있게 하리라
4 내가 어디로 가는지 그 길을 너희가 아느니라
5 도마가 이르되 주여 주께서 어디로 가시는지 우리가 알지 못하거늘
  그 길을 어찌 알겠사옵나이까
6 예수께서 이르시되 내가 곧 길이요 진리요 생명이니 나로 말미암지
  않고는 아버지께로 올 자가 없느니라
7 너희가 나를 알았더라면 내 아버지도 알았으리로다 이제부터는 너
  희가 그를 알았고 또 보았느니라
8 빌립이 이르되 주여 아버지를 우리에게 보여 주옵소서 그리하면 족
  하겠나이다
9 예수께서 이르시되 빌립아 내가 이렇게 오래 너희와 함께 있으되 네
  가 나를 알지 못하느냐 나를 본 자는 아버지를 보았거늘 어찌하여
  아버지를 보이라 하느냐
10 내가 아버지 안에 거하고 아버지는 내 안에 계신 것을 네가 믿지 아
  니하느냐 내가 너희에게 이르는 말은 스스로 하는 것이 아니라 아버
  지께서 내 안에 계셔서 그의 일을 하시는 것이라
11 내가 아버지 안에 거하고 아버지께서 내 안에 계심을 믿으라 그렇지
  못하겠거든 행하는 그 일로 말미암아 나를 믿으라

1. 예수님을 믿는 사람은 왜 근심하지 말아야 합니까?(1-4)

2. 우리가 하나님께 갈 수 있는 유일한 비결은 무엇입니까?(5-6)

3. 예수님을 알면 결국 누구를 알고 보는 것이 됩니까?(7-9)

4. 예수님과 하나님 아버지는 서로 어떤 관계입니까?(10-11)

●POINT●

예수님은 인간의 모습으로 오셨지만 그분은 보이는 하나님입니다. 예수님은 보이지 않는 하나님의 형상입니다. 우리는 예수님을 통해 하나님을 보게 되고 예수님을 믿으므로 하나님과 영원히 살 수 있습니다. 예수님을 믿는 것은 곧 하나님을 믿는 것입니다.

말씀과 공감하기

1. 많은 사람들이 예수님과 하나님이 하나인 것을 믿지 않고 예수님과 하나
   님을 분리하여 생각하는데 왜 이런 일들이 생겨난다고 봅니까?(참고, 요
   10:30, 요 1:1, 14; 요일 4:9)

나와 아버지는 하나이니라(요 10:30)

태초에 말씀이 계시니라 이 말씀이 하나님과 함께 계셨으니 이 말씀은 곧 하나
님이시니라(요 1:1)

말씀이 육신이 되어 우리 가운데 거하시매 우리가 그의 영광을 보니 아버지의
독생자의 영광이요 은혜와 진리가 충만하더라(요 1:14)

하나님의 사랑이 우리에게 이렇게 나타난 바 되었으니 하나님이 자기의 독생자
를 세상에 보내심은 그로 말미암아 우리를 살리려 하심이라(요일 4:9)

삶에 실행하기

1. 하나님을 더욱 잘 알고 확실히 믿기 위해서 나는 어떻게 해야 합니까?

실천을 위한 Tip

예수님 사랑해요

• 예수님이 하나님이심을 분명히 믿습니까?(예, 아니요)
-예수님을 믿는 나는 한 주간 이렇게 살아가겠습니다!

항상 (   )하라
쉬지 말고 (   )하라
범사에 (   )하라
이것이 그리스도 예수 안에서 너희를 향하신 하나님의 뜻이니라
(살전 5:16-18)

04

성령님,
언제나 어디서나 함께하신다

 마음열기

1. 어떻게 하면 이런 분을 내 안에 거하게 하실 수 있습니까?

말씀과 소통하기

1. 예수님이 이 세상을 떠나시면서 하나님께 구한 것은 무엇입니까?(16)

2. 성령의 다른 이름은 무엇이며. 성령은 어디에 계십니까?(16)

3. 성령은 어떤 영이며 어떤 사람에게만 임합니까?(17)

4. 세상 사람과 성령 받은 사람의 차이점은 무엇입니까?(18)

•POINT•

성령은 예수님의 영입니다. 예수님은 승천하셔서 이 세상에 없지만 영으로 우리에게
오셔서 우리와 함께 계십니다. 우리가 예수님을 믿을 때 성령을 선물로 받습니다. 이
런 점에서 예수님을 믿는 사람은 모두 성령을 받았습니다. 성령을 따라 사는 하나님
의 자녀가 되었습니다.

말씀과 공감하기

1. 성령은 인격적인 분이십니다. 그러면서도 우리 마음에 계시는 보이지 않는 영이십니다. 한 번 오신 성령님은 우리와 영원토록 함께하십니다. 그런데 성령을 받았으면서도 우리는 왜 걱정을 하면서 살아갑니까?(참고, 요 14:1; 엡 5:18; 엡 4:30)

너희는 마음에 근심하지 말라 하나님을 믿으니 또 나를 믿으라 (요 14:1)

술 취하지 말라 이는 방탕한 것이니 오직 성령으로 충만함을 받으라(엡 5:18)

하나님의 성령을 근심하게 하지 말라 그 안에서 너희가 구원의 날까지 인치심을 받았느니라(엡 4:30)

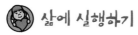 **삶에 실행하기**

1. 내 안에 성령님이 계심을 확신하고 있습니까? 성령님이 나와 함께하심을 믿어서 얻는 유익은 무엇입니까?

실천을 위한 Tip

내 안에 있는 것

• 나의 삶에 해당되는 내용을 O로 표시해 보세요.

-육체의 일 중에서

더러움(   ) 음란(   ) 우상 섬김(   ) 마술(   )

미움(   ) 다툼(   ) 질투(   ) 화냄(   )

이기심(   ) 편가름(   ) 분열(   )

시기(   ) 술취함(   )

-성령의 열매 중에서

사랑(   ) 기쁨(   ) 평화(   ) 오래참음(   )

자비(   ) 착함(   ) 성실(   ) 온유(   ) 절제(   )

성경,
삶을 변화시키는 능력

마음열기

1. 성경이 다른 종교의 경전(불경, 코란)과 다른 점은 무엇입니까?

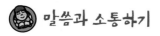 **말씀과 소통하기**

> •디모데후서 3:12-17를 읽으세요.
>
> 12 무릇 그리스도 예수 안에서 경건하게 살고자 하는 자는 박해를 받
> 으리라
> 13 악한 사람들과 속이는 자들은 더욱 악하여져서 속이기도 하고 속기
> 도 하나니
> 14 그러나 너는 배우고 확신한 일에 거하라 너는 네가 누구에게서 배운
> 것을 알며
> 15 또 어려서부터 성경을 알았나니 성경은 능히 너로 하여금 그리스도
> 예수 안에 있는 믿음으로 말미암아 구원에 이르는 지혜가 있게 하
> 느니라
> 16 모든 성경은 하나님의 감동으로 된 것으로 교훈과 책망과 바르게 함
> 과 의로 교육하기에 유익하니
> 17 이는 하나님의 사람으로 온전하게 하며 모든 선한 일을 행할 능력을
> 갖추게 하려 함이라

1. 예수님을 잘 믿고 신앙 생활을 바르게 하려면 무엇을 감수해야 합니

까?(12)

2. 세상이 악한 것을 무엇으로 알 수 있습니까? 악한 세상 유혹을 이기기 위해서 그리스도인이 꼭 해야 할 일은 무엇입니까?(13-14)

3. 디모데는 언제부터 성경을 알고 배웠습니까? 성경은 누구의 감동으로 쓰였습니까?(15-16)

4. 성경이 우리에게 어떤 유익을 주는지 이야기해 보십시오.(15-17)

•POINT•

성경은 하나님의 감동으로 쓴 사랑의 편지입니다. 글자로 된 책이지만 그 안에는 하나님의 영이 충만하여 우리를 변화시키는 힘이 있습니다. 성경은 보통 책과 다른 능력을 가지고 있습니다. 누구든지 성경을 읽고 배우면 그것을 통해 우리의 영과 혼이 거듭나며 변화하게 됩니다.

말씀과 공감하기

1. 악한 세상을 이기는 길은 오직 진리인 말씀을 통해서입니다. 그럼에도 사람들이 성경을 멀리하고 거부하는 이유는 무엇이라고 봅니까? 아울러 왜 말씀만이 악한 세상을 이길 수 있는 무기가 되는지 그 이유를 말해 보십시오.(참고, 요 8:44-45; 계 12:9; 엡 6:17)

너희는 너희 아비 마귀에게서 났으니 너희 아비의 욕심대로 너희도 행하고자 하느니라 그는 처음부터 살인한 자요 진리가 그 속에 없으므로 진리에 서지 못하고 거짓을 말할 때마다 제 것으로 말하나니 이는 그가 거짓말쟁이요 거짓의 아비가 되었음이라 내가 진리를 말하므로 너희가 나를 믿지 아니하는도다(요 8:44-45)

큰 용이 내쫓기니 옛 뱀 곧 마귀라고도 하고 사탄이라고도 하며 온 천하를 꾀는 자라 그가 땅으로 내쫓기니 그의 사자들도 그와 함께 내쫓기니라(계 12:9)

구원의 투구와 성령의 검 곧 하나님의 말씀을 가지라(엡 6:17)

삶에 실행하기

1. 나는 성경을 알기 위해서 구체적으로 어떤 노력을 하고 있습니까? 아울러
   성경을 읽고 배울 때 어떤 자세로 임하는지 이야기해 보십시오.

실천을 위한 Tip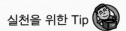

이렇게 성경을 읽고 싶어요

- 진리에 거하기 위해서 우선 말씀에 대한 나의 자세를 바꾸어야
  합니다. 어떤 것부터 바꾸고 싶은지 해당 내용을 선택하세요.

  자신의 마음을 옥토로 만든다.(   )

  하나님의 말씀을 절대적으로 신뢰하고 성경을 읽는다.(   )

  다른 사람이 아닌 나를 향한 것으로 적용하면서 성경을 읽는다.(   )

  성경을 통해 나의 무지와 죄악을 발견하는 것을 우선순위로 둔다.(   )

  성경은 옳고 그름을 따지기 위해서가 아닌 순종하기 위해서 읽는다.(   )

구원,
하나님이 거저 주신 사랑

 마음열기

1. 위 그림을 보고 성경에서 말하는 구원의 정의를 나름대로 내려 보십시오.

- 구원이란?

- 구원이란?

- 구원이란?

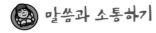
말씀과 소통하기

• 에베소서 2:1-10를 읽으세요.

1 그는 허물과 죄로 죽었던 너희를 살리셨도다

2 그때에 너희는 그 가운데서 행하여 이 세상 풍조를 따르고 공중의
  권세 잡은 자를 따랐으니 곧 지금 불순종의 아들들 가운데서 역사
  하는 영이라

3 전에는 우리도 다 그 가운데서 우리 육체의 욕심을 따라 지내며 육
  체와 마음의 원하는 것을 하여 다른 이들과 같이 본질상 진노의 자
  녀이었더니

4 긍휼이 풍성하신 하나님이 우리를 사랑하신 그 큰 사랑을 인하여

5 허물로 죽은 우리를 그리스도와 함께 살리셨고 (너희는 은혜로 구원
  을 받은 것이라)

6 또 함께 일으키사 그리스도 예수 안에서 함께 하늘에 앉히시니

7 이는 그리스도 예수 안에서 우리에게 자비하심으로써 그 은혜의 지
  극히 풍성함을 오는 여러 세대에 나타내려 하심이라

8 너희는 그 은혜에 의하여 믿음으로 말미암아 구원을 받았으니 이것
  은 너희에게서 난 것이 아니요 하나님의 선물이라

9 행위에서 난 것이 아니니 이는 누구든지 자랑하지 못하게 함이라

10 우리는 그가 만드신 바라 그리스도 예수 안에서 선한 일을 위하여
   지으심을 받은 자니 이 일은 하나님이 전에 예비하사 우리로 그 가
   운데서 행하게 하려 하심이니라

1. 예수님을 믿기 전의 우리의 모습은 어떠했습니까?(1-3)

2. 하나님의 사랑을 받은 사람에게 주어진 하나님의 복은 무엇입니까?(4-6)

3. 하나님의 사랑과 은혜는 인간의 힘이 아닌 누구를 통하여 나타났습니까? 그리고 그것을 어떻게 나의 것으로 만들 수 있습니까?(7-8)

4. 구원을 우리의 행함으로 주시지 않고 전적으로 하나님의 선물로 주신 이유는 무엇입니까? 하나님은 왜 인간을 값없이 구원해 주셨습니까?(9-10)

•POINT•

예수님은 죄값으로 영원히 죽을 인간을 구원하기 위해 세상에 오셨습니다. 누구든지 주님을 마음으로 믿으면 구원을 받습니다. 구원은 인간의 행위로 얻을 수 없습니다. 예수님이 십자가에서 우리 죄를 위해 죽으신 그 일을 믿을 때 주어지는 하나님의 선물입니다.

말씀과 공감하기

1. 하나님이 우리를 사랑하시는 방법을 우리의 행위가 아닌 믿음으로 하신
   이유는 무엇입니까? 구원이 우리에게 선물로 주어짐으로 생기는 유익은
   무엇입니까?(참고, 마 10:7-8; 요 15:16-17; 롬 1:17)

가면서 전파하여 말하되 천국이 가까이 왔다 하고 병든 자를 고치며 죽은 자를
살리며 나병환자를 깨끗하게 하며 귀신을 쫓아내되 너희가 거저 받았으니 거저
주라(마 10:7-8)

너희가 나를 택한 것이 아니요 내가 너희를 택하여 세웠나니 이는 너희로 가서
열매를 맺게 하고 또 너희 열매가 항상 있게 하여 내 이름으로 아버지께 무엇을
구하든지 다 받게 하려 함이라 내가 이것을 너희에게 명함은 너희로 서로 사랑
하게 하려 함이라(요 15:16-17)

오직 의인은 믿음으로 말미암아 살리라(롬 1:17)

삶에 실행하기

1. 나는 정말 십자가의 사랑을 받은 사람입니까? 그것을 무엇으로 주변 사람에게 증명할 수 있는지 이야기해 보십시오.

실천을 위한 Tip

예수님처럼 살아가기

• 예수님에게 배운 십자가 사랑의 원리를 한 주간에 누구에게, 어떻게, 언제 적용할지 이야기해 보십시오.

-내가 먼저 준다.

-대가 없이 거저 준다.

-빚값는 마음으로 준다.

-성령님께 순종함으로 준다.

-다른 사람이 모르게 은밀하게 준다.

-아낌없이 감사함으로 준다.

07

죄,
하나님과의 관계를 깨는 주범

마음열기

1. 시대가 변해도 죄악이 사라지지 않고 여전히 계속되는 이유는 무엇입니까?

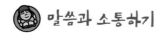
말씀과 소통하기

•시편 14:1-7을 읽으세요.

1 어리석은 자는 그의 마음에 이르기를 하나님이 없다 하는도다 그들은 부패하고 그 행실이 가증하니 선을 행하는 자가 없도다

2 여호와께서 하늘에서 인생을 굽어살피사 지각이 있어 하나님을 찾는 자가 있는가 보려 하신즉

3 다 치우쳐 함께 더러운 자가 되고 선을 행하는 자가 없으니 하나도 없도다

4 죄악을 행하는 자는 다 무지하냐 그들이 떡 먹듯이 내 백성을 먹으면서 여호와를 부르지 아니하는도다

5 그러나 거기서 그들은 두려워하고 두려워하였으니 하나님이 의인의 세대에 계심이로다

6 너희가 가난한 자의 계획을 부끄럽게 하나 오직 여호와는 그의 피난처가 되시도다

7 이스라엘의 구원이 시온에서 나오기를 원하도다 여호와께서 그의 백성을 포로된 곳에서 돌이키실 때에 야곱이 즐거워하고 이스라엘이 기뻐하리로다

1. 어떤 사람이 하나님을 없다고 합니까?(1)

2. 하나님이 보실 때 인간들의 모습은 어떠합니까?(2-3)

3. 죄악은 어디서부터 시작됩니까? 성경이 말하는 죄인이란 결국 어떤 사람
   을 말합니까?(4)

4. 어떤 사람이 의인입니까?(5-6)

•POINT•

죄란 하나님과 관계가 깨진 것을 말합니다. 하나님을 믿지 않는 세상 모든 사람이 죄
인입니다. 하나님과 관계가 깨지면 결국 모든 인간관계도 깨지게 됩니다. 그리고 행
복도 깨지게 됩니다. 그 결과 인간에게는 죽음이 왔습니다. 죄 문제를 해결하지 못하
면 인간은 영원히 불행합니다.

말씀과 공감하기

1. 성경은 이 세상에는 선을 행하는 자가 하나도 없다고 했습니다. 그렇다면 세상에서 흔히 말하는 착한 일을(구제하고, 나누고, 착한 뜻을 행하는 사람들) 하는 사람들에 대해서 어떻게 이해해야 합니까?(참고, 렘 17:9; 요 16:8-9; 갈 2:16)

만물보다 거짓되고 심히 부패한 것은 마음이라 누가 능히 이를 알리요마는(렘 17:9)

그가 와서 죄에 대하여, 의에 대하여, 심판에 대하여 세상을 책망하시리라 죄에 대하여라 함은 그들이 나를 믿지 아니함이요(요 16:8-9)

사람이 의롭게 되는 것은 율법의 행위로 말미암음이 아니요 오직 예수 그리스도를 믿음으로 말미암는 줄 알므로 우리도 그리스도 예수를 믿나니 이는 우리가 율법의 행위로써가 아니고 그리스도를 믿음으로써 의롭다 함을 얻으려 함이라 율법의 행위로써는 의롭다 함을 얻을 육체가 없느니라(갈 2:16)

삶에 실행하기

1. 나는 죄인인지를 분명히 확신하고 있습니까? 아울러 내가 죄인이라면 나의 어떤 죄를 회개했는지 이야기해 보십시오. 예수를 믿은 후에도 계속 짓는 죄에 대해서 어떻게 처리해야 하는지 이야기해 보십시오.

실천을 위한 Tip

 나를 잡고 있는 죄의 고리들

현재 죄를 알고 있으면서도 반복적으로 짓는 죄는 무엇인지 표시해 보고 그것을 해결하기 위한 기도를 드리세요.

거짓말(   ), 게으름(   ), 무책임(   ), 무절제(   ), 분냄(   ),

시기(   ), 질투(   ), 욕심(   ), 다툼(   ), 도적질(   ),

이기심(   ), 배려하지 않음(   ), 하나님에 대한 무관심(   ),

불평(   ), 원망(   ), 의심(   )

08

회개,
깨진 관계를 회복시키는 통로

 마음열기

1. 위 그림을 보고 느끼는 점은 무엇인가요?

2. 만약 사람에게 '회개'가 없다면 인간은 어떻게 되었을까요? 회개는 어느 때 이루어진다고 생각합니까?

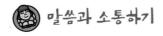

말씀과 소통하기

•시편 51:1-10을 읽으세요.

1 하나님이여 주의 인자를 따라 내게 은혜를 베푸시며 주의 많은 긍휼을 따라 내 죄악을 지워 주소서
2 나의 죄악을 말갛게 씻으시며 나의 죄를 깨끗이 제하소서
3 무릇 나는 내 죄과를 아오니 내 죄가 항상 내 앞에 있나이다
4 내가 주께만 범죄하여 주의 목전에 악을 행하였사오니 주께서 말씀하실 때에 의로우시다 하고 주께서 심판하실 때에 순전하시다 하리이다
5 내가 죄악 중에서 출생하였음이여 어머니가 죄 중에서 나를 잉태하였나이다
6 보소서 주께서는 중심이 진실함을 원하시오니 내게 지혜를 은밀히 가르치시리이다
7 우슬초로 나를 정결하게 하소서 내가 정하리이다 나의 죄를 씻어 주소서 내가 눈보다 희리이다
8 내게 즐겁고 기쁜 소리를 들려 주시사 주께서 꺾으신 뼈들도 즐거워하게 하소서
9 주의 얼굴을 내 죄에서 돌이키시고 내 모든 죄악을 지워 주소서
10 하나님이여 내 속에 정한 마음을 창조하시고 내 안에 정직한 영을 새롭게 하소서

1. 다윗은 밧세바와 간음하고 우리아를 죽인 살인 죄 등에 대해서 어떻게 회개하고 있습니까?(1-3)

2. 우리가 '죄를 짓는다'고 하는 것은 누구에게 죄를 짓는 것을 말합니까? 죄는 누가 용서해 주어야 깨끗하게 될 수 있습니까?(4)

3. 다윗은 자신의 죄를 어떻게 회개하고 있습니까?(5-9)

4. 죄를 회개하면 하나님으로부터 어떤 은혜가 임합니까?(10)

●POINT●

인간은 모두 죄인입니다. 인간은 조건과 환경만 갖추면 또 범죄하게 됩니다. 죄는 인간의 힘으로 결코 이길 수 없습니다. 하나님 앞에 자신의 잘못을 회개하고 하나님께 돌아서는 것만이 죄를 이길 수 있는 유일한 구원의 길입니다.

말씀과 공감하기

1. 인간은 죄 가운데 잉태했기에 모든 인간은 죄를 짓고 살 수밖에 없습니다. 죄를 지을 때마다 우리는 어떻게 죄 문제를 해결해야 하는지 그 방법을 이야기해 보십시오.(참고, 롬 6:23; 요일 1:8-9; 롬 10:13)

죄의 삯은 사망이요 하나님의 은사는 그리스도 예수 우리 주 안에 있는 영생이니라(롬 6:23)

만일 우리가 죄가 없다고 말하면 스스로 속이고 또 진리가 우리 속에 있지 아니할 것이요 만일 우리가 우리 죄를 자백하면 그는 미쁘시고 의로우사 우리 죄를 사하시며 우리를 모든 불의에서 깨끗하게 하실 것이요(요일 1:8-9)

누구든지 주의 이름을 부르는 자는 구원을 받으리라(롬 10:13)

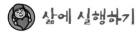 삶에 실행하기

1. 내가 연약하여 쉽게 죄를 짓는 부분은 무엇입니까? 아직 회개하지 않는 죄는 없는지 이야기해 보십시오.

실천을 위한 Tip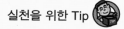

나의 하루 생활은?

현재 나의 생활을 점검해 보십시오.
해당 항목에 표시하세요.(상, 중, 하)

-하루하루 사는 것이 즐거운가? (   )

-마음이 항상 기쁘고 모든 일이 감사한가? (   )

-어디서나 정직한 삶을 살고 있는가? (   )

-구원받은 즐거움에 사로잡혀 사는가? (   )

-모든 일에 자원하는 심정으로 즐겁게 대하는가? (   )

-하나님을 자랑하고 찬양하면서 살고 싶은 마음이 생기는가? (   )

09

심판,
하나님 앞에 서는 마지막 자리

 마음열기

1. 학생들에게 시험이 꼭 필요한 이유는 무엇입니까?

2. 시험 보는 것을 피할 수 없다면 즐기기 위한 전략은 무엇입니까?

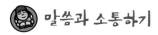 **말씀과 소통하기**

• 마태복음 25:31-46을 읽으세요.

31 인자가 자기 영광으로 모든 천사와 함께 올 때에 자기 영광의 보좌
   에 앉으리니

32 모든 민족을 그 앞에 모으고 각각 구분하기를 목자가 양과 염소를
   구분하는 것같이 하여

33 양은 그 오른편에 염소는 왼편에 두리라

34 그때에 임금이 그 오른편에 있는 자들에게 이르시되 내 아버지께
   복 받을 자들이여 나아와 창세로부터 너희를 위하여 예비된 나라를
   상속받으라

35 내가 주릴 때에 너희가 먹을 것을 주었고 목마를 때에 마시게 하였
   고 나그네 되었을 때에 영접하였고

36 헐벗었을 때에 옷을 입혔고 병들었을 때에 돌보았고 옥에 갇혔을 때
   에 와서 보았느니라

37 이에 의인들이 대답하여 이르되 주여 우리가 어느 때에 주께서 주
   리신 것을 보고 음식을 대접하였으며 목마르신 것을 보고 마시게 하
   였나이까

38 어느 때에 나그네 되신 것을 보고 영접하였으며 헐벗으신 것을 보고
   옷 입혔나이까

39 어느 때에 병드신 것이나 옥에 갇히신 것을 보고 가서 뵈었나이까
   하리니

40 임금이 대답하여 이르시되 내가 진실로 너희에게 이르노니 너희가
   여기 내 형제 중에 지극히 작은 자 하나에게 한 것이 곧 내게 한 것
   이니라 하시고

41 또 왼편에 있는 자들에게 이르시되 저주를 받은 자들아 나를 떠나
   마귀와 그 사자들을 위하여 예비된 영원한 불에 들어가라

42 내가 주릴 때에 너희가 먹을 것을 주지 아니하였고 목마를 때에 마
   시게 하지 아니하였고

43 나그네 되었을 때에 영접하지 아니하였고 헐벗었을 때에 옷 입히지 아니하였고 병들었을 때와 옥에 갇혔을 때에 돌보지 아니하였느니라 하시니

44 그들도 대답하여 이르되 주여 우리가 어느 때에 주께서 주리신 것이나 목마르신 것이나 나그네 되신 것이나 헐벗으신 것이나 병드신 것이나 옥에 갇히신 것을 보고 공양하지 아니하더이까

45 이에 임금이 대답하여 이르시되 내가 진실로 너희에게 이르노니 이 지극히 작은 자 하나에게 하지 아니한 것이 곧 내게 하지 아니한 것이니라 하시리니

46 그들은 영벌에, 의인들은 영생에 들어가리라 하시니라

1. 마지막 하나님의 심판 때는 사람이 두 종류로 갈라지는데 어떻게 나뉘는지 이야기해 보십시오.(31-33)

2. 오른편에 있는 사람들은 어떤 일을 했습니까?(34-40)

3. 왼편에 있는 사람들은 어떤 일을 했습니까?(41-45)

4. 모든 인간은 마지막에 하나님의 심판대에 서게 됩니다. 죄인과 의인은 각
   각 어디에 들어가는지 말해 보십시오.(46)

●POINT●

죄를 지은 인간은 모두 심판을 받게 됩니다. 인간은 죽음으로 마지막 심판을 받습니
다. 왜냐하면 모두가 죄인이기 때문입니다. 우리가 심판에 이르지 않으려면 예수를
믿어야 합니다. 나의 죄를 대신하여 죽으신 예수님을 인정하면 누구든지 죄에서 구
원을 받습니다.

말씀과 공감하기

1. 죽음이 끝이 아니라 그 후에는 하나님의 심판이 있습니다. 하나님이 인간
   을 심판하는 기준은 무엇입니까?(참고, 롬 2:14-15; 고후 5:10; 요 3:16)

말씀
Tip

(율법 없는 이방인이 본성으로 율법의 일을 행할 때에는 이 사람은 율법이 없어
도 자기가 자기에게 율법이 되나니 이런 이들은 그 양심이 증거가 되어 그 생각
들이 서로 혹은 고발하며 혹은 변명하여 그 마음에 새긴 율법의 행위를 나타내
느니라)(롬 2:14-15)

이는 우리가 다 반드시 그리스도의 심판대 앞에 나타나게 되어 각각 선악간에
그 몸으로 행한 것을 따라 받으려 함이라(고후 5:10)

하나님이 세상을 이처럼 사랑하사 독생자를 주셨으니 이는 그를 믿는 자마다 멸
망하지 않고 영생을 얻게 하려 하심이라(요 3:16)

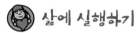 삶에 실행하기

1. 나는 하나님의 심판에 대한 생각을 얼마나 하면서 하루하루 살아가고 있습니까? 마지막에 하나님을 믿지 않아서 멸망의 심판을 받을 주변 사람들의 모습이 보입니까? 나는 이들을 어떤 마음으로 바라보고 있습니까?

실천을 위한 Tip

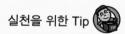 전도할 사람은 누구?

• 내 주위에 하나님의 심판을 알지 못하는 사람은 누구입니까? 그 중 두 사람을 찾아서 어떻게 전도할지 이야기해 보십시오.

이름:

전도 계획:

언제:

어디서:

어떻게:

10

용서,
한없는 하나님의 사랑

🙂 마음열기

교회 사람들

가족

나

친구들

이웃 사람들

1. 우리는 세상을 살아가면서 많은 사람을 만나고, 어떤 사람들과는 밀접한 관계를 이루며 살아갑니다. 그 중에서 어떤 종류의 사람들이 용서하기 어려운지 이야기해 보십시오.

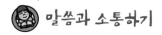

말씀과 소통하기

• 마태복음 18:21-35을 읽으세요.

21 그때에 베드로가 나아와 이르되 주여 형제가 내게 죄를 범하면 몇 번이나 용서하여 주리이까 일곱 번까지 하오리이까

22 예수께서 이르시되 네게 이르노니 일곱 번뿐 아니라 일곱 번을 일흔 번까지라도 할지니라

23 그러므로 천국은 그 종들과 결산하려 하던 어떤 임금과 같으니

24 결산할 때에 만 달란트 빚진 자 하나를 데려오매

25 갚을 것이 없는지라 주인이 명하여 그 몸과 아내와 자식들과 모든 소유를 다 팔아 갚게 하라 하니

26 그 종이 엎드려 절하며 이르되 내게 참으소서 다 갚으리이다 하거늘

27 그 종의 주인이 불쌍히 여겨 놓아 보내며 그 빚을 탕감하여 주었더니

28 그 종이 나가서 자기에게 백 데나리온 빚진 동료 한 사람을 만나 붙들어 목을 잡고 이르되 빚을 갚으라 하매

29 그 동료가 엎드려 간구하여 이르되 나에게 참아 주소서 갚으리이다 하되

30 허락하지 아니하고 이에 가서 그가 빚을 갚도록 옥에 가두거늘

31 그 동료들이 그것을 보고 몹시 딱하게 여겨 주인에게 가서 그 일을 다 알리니

32 이에 주인이 그를 불러다가 말하되 악한 종아 네가 빌기에 내가 네 빚을 전부 탕감하여 주었거늘

33 내가 너를 불쌍히 여김과 같이 너도 네 동료를 불쌍히 여김이 마땅하지 아니하냐 하고

34 주인이 노하여 그 빚을 다 갚도록 그를 옥졸들에게 넘기니라

35 너희가 각각 마음으로부터 형제를 용서하지 아니하면 나의 하늘 아버지께서도 너희에게 이와 같이 하시리라

1. 베드로와 예수님은 서로 어떤 대화를 나누었습니까?(21-22)

2. 예수님은 용서를 더욱 잘 설명하기 위하여 이야기를 하나 해주셨는데 어떤 내용인지 간단히 정리해 보십시오.(23-34)

3. 이 비유에서 일만 달란트를 빚진 종의 가장 큰 문제는 무엇입니까?(27-30)

4. 우리는 형제들에 대해서 어떻게 해야 합니까?(35)

•POINT•

인간은 죄를 심판하거나 사람을 정죄할 자격이 없습니다. 인간은 모두가 죄인이기에 누구를 심판할 수 없습니다. 우리는 무조건 사람을 용서해야 합니다. 우리가 이미 하나님께 무조건 용서받았기에 우리도 이웃을 무조건 용서하는 것이 당연합니다.

말씀과 공감하기

1. 왜 많은 사람들은 이웃과 형제들을 용서하지 못하고 미워합니까?(참고, 마
   6:14-15; 약 2:13; 롬 5:10)

너희가 사람의 잘못을 용서하면 너희 하늘 아버지께서도 너희 잘못을 용서하시
려니와 너희가 사람의 잘못을 용서하지 아니하면 너희 아버지께서도 너희 잘못
을 용서하지 아니하시리라(마 6:14-15)

긍휼을 행하지 아니하는 자에게는 긍휼 없는 심판이 있으리라 긍휼은 심판을
이기고 자랑하느니라(약 2:13)

곧 우리가 원수 되었을 때에 그의 아들의 죽으심으로 말미암아 하나님과 화목하
게 되었은즉 화목하게 된 자로서는 더욱 그의 살아나심으로 말미암아 구원을 받
을 것이니라(롬 5:10)

삶에 실행하기

1. 현재 나는 하나님께 어떤 용서를 받았는지 이야기해 보십시오.

실천을 위한 Tip

 나는 당신을 용서합니다!

• 아직 용서하지 못한 사람이나 사이가 좋지 않은 사람이 있으면
  이야기해 보고 그에게 용서의 메시지를 보내십시오.

  -내용:

  -방법: 전화, 편지, 문자, 선물 등(택1)